Gedichte, die mein Leben schreibt

Fragen ans Internet:

Was ist ein Gedicht?

„Sprachliches Kunstwerk in Versen, Reimen
oder in einem besonderen Rhythmus."

Was sind Sprüche?

„Einprägsam und treffend formulierte Gedanken."

Daniela Adelheid Ammeter Bucher

Gedichte,
die mein Leben schreibt

Lektorat und Korrektorat: nicht beauftragt

Herstellung und Verlag: BoD – Books on Demand,

Norderstedt

ISBN: 9783758332081

Inhaltsverzeichnis

Vorwort

Gedichte aus der Teenager-Zeit

- Gedichte (aufgeschnappt oder gedichtet)
- Lebensweisheiten mit 15 Jahren

Gedichte mit anfangs Zwanzig

- S'Muetters Gärtli
- S'Grosi
- De Buur
- Zom Zwänzgischte
- D'Lüüt

Sprüche und Lebensweisheiten
Gedichte an meine Kinder
Gedicht an Anverwandte

Jagdliche Gedichte

- Of de Pirsch
- Liebe Jungjägerin
- Des Jägers schwerste Stund'
- Der Fuchs (Schuss ins Kraut)
- E gföhrliche Jäger

Vorwort

Da sind mir doch letztens tatsächlich Gedichte aus meiner Teenagerzeit in die Hände gelaufen.

Einige kamen mir bekannt vor, andere waren in Vergessenheit geraten.

Auffallend war für mich die Feststellung, dass die Zeit damals rosarot und himmelblau war. Fast alles hat sich um das Verliebtsein gedreht und auf den Papierchen von „Zuckersteinen", die beim Heiraten in die Menge geworfen wurden, standen weitere solcher Reime. Ich habe sie gesammelt und ich muss heute schmunzeln über die Jugend, die Naivität und auch über den damaligen Zeitgeist.

Gedichte habe ich schon immer gemocht. Ab und zu habe ich auch welche zu Blatt Papier gebracht und an bestimmten Anlässen vorgetragen. Mit anfangs Zwanzig habe ich sie ausschliesslich auf Mundart verfasst und der mir angeborene „Hinterländer-Dialekt" und die Wortwahl sind unverkennbar auf meine alte Heimat abgestimmt. Ich finde sie heute noch treffend. Deshalb habe ich sie zum besseren Verständnis mit einem kurzen *Prolog* versehen.

Ich habe Gedichte für mir nahestehende Personen geschrieben. Geburtstage, Weihnachten oder andere Höhepunkte eigneten sich dazu besonders gut. Die Nähe, die diese Zeilen wiedergeben kommen von Herzen.

Viel Freude beim Lesen.

Gedichte aus der Teenager-Zeit

*Aus der Teenager-Zeit, wo noch alles
rosarot und himmelblau war und das
Verliebtsein an der Tagesordnung war.*

Schon bald werde ich meine Koffer
packen,
und verreisen müssen.
In eine fremde Stadt, unter fremde Leute
– ohne Dich.
Es wird schon bald wieder Abend sein.
Die Stadt mit ihrem vielen Strassen ist
beleuchtet.
So wie es um Weihnachten aussieht.
Ich stehe irgendwo auf der Strasse.
An mir eilen Menschen vorbei.
Ich schaue Ihnen ins Gesicht,
doch ich kann suchen so lange wie ich
will,
denn keiner unter den Fremden bist Du.
Ich kann wünschen, was ich will –
doch Du bist nicht da. Legst Du Deinen
Arm um mich, sagst mir nicht, dass Du
mich lieb hast. Nichts von dem allem.
Du wirst nur noch in meinen Gedanken
existieren können.
Warum bist Du mir nur je begegnet?

Mehr „Sprücheklopfer" wie Reim und Gedicht. Aus dem Zeitalter, wo noch Postkarten und Briefe geschrieben wurden und an Hochzeiten „Zuckersteine" geworfen wurden.

Ne' Schwangerschaft im Internat
ist äusserst peinlich. In der Tat.

Liebe mich allein
oder lass' es sein.

Schlecht ist's geschrieben,
gut ist's gemeint.
Die Hand hat gezittert,
das Auge geweint.

Immer, wenn ich an Dich denke,
zittern mir die Kniegelenke.

Wie die Wäsche an der Leine,
wie die Schwänzchen an den Schweinen,
wie die Taube am Spalier,
grad so hängt mein Herz an Dir.

In Eile
ein paar Zeilen,
später mündlich
aber gründlich.

Küsschen aus der Ferne,
ich hab' Dich ja so gerne.
Adresse wie gewöhnlich,
zum Küssen komme ich persönlich.

Vor ... Jahren
kamst Du in die Welt gefahren.
Ohne Hemdlein, ohne Röcklein
nur als armes Sündenböcklein.

Zum Küssen braucht man keine Brille,
wenn jedes Mädchen hält sich stille.

Marmor, Stein und Eisen bricht
Aber unsere Liebe nicht.

Wenn alles schläft und einer spricht,
den Zustand nennt man Unterricht.

Ich finde heute ist der richtige Tag
Um Dir zu sagen, wie lieb' ich Dich hab.

Wenn wir uns auch oftmals streiten,
mögen wir uns doch gut leiden.

Braune Augen sind gefährlich,
aber in der Liebe ehrlich.

Grüne Augen Froschnatur,
in der Liebe keine Spur.

Die Nacht ist schwarz,
das Bett ist leer
und Du mein Schatz
kommst nimmer mehr.

Mein Herz ist doch klein
Doch will's geliebt sein.

Dieses Brieflein fliegt dahin,
wo ich jetzt nicht bin,
und rührt die Lippen an,
die ich jetzt nicht küssen kann.
Bist Du des Lebens nicht mehr froh,
so stürze Dich in H2o.

Fast jeden Abend hab' ich Dich im Sinn,
immer schweifen meine Blicke zu Dir hin,
denn seit ich Deinen Hals gespürt
und mich zu Deinem Mund geführt.
Ach, wärst Du doch endlich hier,
Du lang ersehnte Flasche Bier.
Mein geliebtes Strampeltier,
wieder einmal schreib' ich Dir.
Deine Liebe leuchtet von Ferne
Wie eine alte Stalllaterne.

Absender:
Das bin ich, dieser Brief ist nur für Dich.

Mein letzter Wille
ein Mann mit Brille.

Schönes Wetter,
gutes Bier.
Drum sind wir auch besoffen hier.

Sitze hier auf einem Wipfel
Und denk' an Dich zu kleiner Zipfel
Grüsschen aus der Ferne,
das hat man ja so gerne,
besonders, wenn man weiss von wem,
dann ist es doppelt angenehm.

In dieser klaren Nacht,
hab' ich an Dich gedacht.
Dann nebenbei bemerkt,
auch Du bist eine Karte wert.

Kühles Lächeln,
kaltes Hoffen,
kann nicht kommen,
bin besoffen.

Hätten meine Augen Dich nie gesehen,
könnt' ich froh an Dir vorübergehen.

Zwei legten sich nackt ins Stroh.
Ei, wie pickt das am Po.

Rot ist die Liebe,
grün ist der Wald.
Wenn Du mich liebst,
dann schreibe mir bald.

Rot ist die Liebe,
grün ist der Wald,
blau sind wir
und wir kommen bald.

Das Schönste beim Küssen
ist, dass die Mädchen schweigen müssen.
Seelig sind die Toten,
denn sie frieren nicht mehr an die Pfoten.

Ich liebe Dich wie eine Nuss.
Auf beiden Seiten einen Kuss.
Die Nuss kann man essen,
aber Dich kann ich nicht vergessen.

Wenn du einst in vielen Jahren,
diesen (Ordner, Buch, Heft) nimmst zur
Hand,
denk, wie froh wir waren,
in der kleinen Schülerbank.

Auf der Welt ist kein Genuss,
süsser als ein Mädchenkuss.

Wahre Liebe, sie empfindet,
plaudert wenig, aber bindet.

Reines Herz und froher Mut
stehen zu allen Kleidern gut.

Mein Kind ich liebe Dich,
komm und küsse mich.

Dein Herz ist zwar klein,
doch soll's geliebt sein.

Ich sitze hier und esse Gipfel
Und denke an Dich, Du süsser Zipfel.

Wenn später mal mein Name wird
genannt,
so denke nach und sage Dir:
«Die hab' ich auch gekannt.»
15 Jahre frisch und froh,
mach nur weiter so.

Tut's Dir im Herzen weh,
dann trinke viel Kamillientee.
Drei Löffel vor dem Schlafen geh'n.
Dann wirst Du mich im Träume seh'n.

Sei brav wie ein Engel.
Und denk an den Bengel.

Der Dir schrieb,
ich hab' Dich lieb.

Ich komme zur Einsicht
Und sende Dir mit Absicht
Eine Karte zur Ansicht
Und weiss vor lauter Nachsicht
meinen Namen nicht.

Wenn ich an Dich denke,
hüpfe ich über Stühle und Bänke.
Drei Schuh' hoch, drei Schuh' breit.
Morgen lieb' ich Dich wie heut'.

Braune Augen, roter Mund.
Liebes Schätzchen bleib' gesund.

Es lässt Dich grüssen,
vom Kopf bis zu den Füssen.
Von den Füssen bis zum Bauch
und weiter ist nicht mehr Brauch.

Durch Worte allein kommt es nie zur
Freundschaft.
Obschon es mir gerochen,
bin ich auf das Bett gekrochen,
bin am Abend zu Hause geblieben
und habe diese Karte geschrieben.
Viele Grüsse an alle,
ich geh' jetzt in die Falle.

Karten kriegen ist wirklich wunderschön.
Wenn man weiss von wem.

Weisst Du, wer ein guter Freund wirklich
ist
und billig heisst,
Der – wenn Du ihn nicht siehst,
sich als Freund erweist.
Nicht im Feld und auf den Bäumen,
in den Herzen muss es keimen,
wenn es besser werden soll.

Wenn Du das Beste tust,
und niemand will es fassen.
So tu' was besser ist,
bleib' ruhig und gelassen.

Soll' Dir eine Tat gelingen
Tue sie vor allen Dingen.
Schaue nicht in träger Ruh
Sorglos aus dem Lehnstuhl zu.

Greife niemals in ein Wespennest.
Doch wenn Du greifst,
dann greife fest.

Steht der Balken schräg nach oben
Verkehrsbeschränkung aufgehoben.

Zur rechten Zeit am rechten Ort
Der rechte Mann, das rechte Wort.

Schwarz Ihre Brauen,
weiss ihre Brust,
klein mein Vertrauen,
gross doch die Lust.

Sprüche klopfen ist verboten,
denn das drückt doch auf die Noten.
Dennoch einen lieben Gruss
Und das mit viel, viel, viel Genuss.
(und der erst noch im Eierguss)

Wenn ich Dich hätt'....
Dann würd' ich Dich...
Die ganze Nacht...
Verstehtst Du mich...

Häb' de Sorg bim ränke,
sösch chasch de s'nöchscht Johr
go Windle hänke.

Wo Sonnenschein, da flieg' hinein.
Das Leben Dir noch Freude macht,
wenn irgend jemand mit Dir lacht.

Die Nacht ist schwarz,
das Bett ist leer,
und Du mein Schatz
kommst nimmer mehr.
Wenn Du einmal traurig bist,
und weisst nichts zu machen.
So denk' an mich.
Und fange an zu lachen.

Wenn Du glaubst ich mag Dich nicht
und treibe mit Dir nur Scherz.

So zünde eine Laternchen an,
und zünde in mein Herz.

Zwei mal zwei ist vier,
dieser Brief, er kommt von mir.
Und wenn Du glaubst zu wissen,
wer hier hat angebissen,
so lass' Dir eines sagen,
stell' nicht zu viele Fragen.

Ich wollt' ich wär eine Träne.
In Deinen Augen geboren.
Auf deinen Wangen gelebt.
An Deinem Mund geklebt
Und von Deiner Zunge zerstört.

Wärst Du mein Freund
Und wüsstest was ich Dir geschrieben.
Du würdest mich tausend mal mehr
lieben.

Wenn Hasen Jäger schiessen,
wenn Bäche aufwärts fliessen,
erst dann wird' ich Dich vergessen.

Es ist schön, mal nichts zu tun
Und dann vom Nichtstun auszuruh'n.

Wer schreibt Dir oft und denkt an Dich
Der Liebe Beste - nämlich ich.

Gott sprach: » Es werde Licht.»
Doch Petrus fand den Schalter nicht.

Rate, rate!
Du süsse Tomate.
Wer an Dich denkt
Und der Post 40 Rappen Porto schenkt.

Rate, rate!
Du süsse Tomate.
Von wem ist dieser Brief?
Er wurde geschrieben um Mitternacht,
wo man keine Unterschrift macht.

Sei immer froh und heiter,
wie der Floh am Blitzableiter.

Mädchen die pfeifen,
lassen sich gerne unter die Röcke greifen.

Ein Häuschen aus Zucker.
Aus Zimt die Tür.
Den Riegel aus Bratwurst.
Das wünsche ich Dir.

Wenn Du Dir eine Freundin suchst,
dann such' Dir eine Echte.
Denn unter 100 sind 99 schlechte.

Ich geb' Dir meine schönste Hand
und einen dicken Kuss dazu.
Ein Seehund lag am Meeresstrand.
Wusch die Schnauze im weissen Sand.
Ach, möchte doch Dein Herz so rein,
wie diese Seehundschnauze sein.

Ich mag' Dich wie eine Elefant
So gross und trabant.

In das Album schreib' ich Dir rein
Weil ich nicht wollte vergessen sein.
Und sollte das Album verloren gehen,
so möchte ich noch im Herzen stehen.

Lebe lustig, lebe heiter,
wie der Schuster und der Schneider.
Unsre Freundschaft die soll wurzeln,
bis wir in die Erde purzeln.

Der Herbst hat auch seinen Teil daran,
dass ich Dich nicht vergessen kann.

Ich liebe Dich so heiss,
wie der Bock die Geiss.

Des Lebensmeeres Wellen,
sie brausen und sie schwellen.
Und schwemmen mit der Zeit,
hinweg das grösste Leid.

Wenn ich an Dich denke
wackeln Stühl' und Bänke.
Und das alte Kanape,
springt vor Freude in die Höh'.

De Sommer esch verbii
Doch ned die Liebi für üs zwii.
Bitte vergiss' mich nii.

Liebe kleine Sterne,
ich hab' ihn ja so gerne.
Vielleicht liebt er auch mich.
Drum denke ich nur an Dich.

Jedwede Nacht,
jedwede Nacht,
hat mir im Traum Dein Bild zugelacht.
Kam dann der Tag,
kam dann der Tag.
Wieder alleine ich lag.

Rose Marie, Rose Marie.
Sieben Jahre mein Herz nach Dir schrie.
Rose Marie, Rose Marie.
Aber Du hörtest es nie.

Sei brav wie ein Engel.
Dann hat man dich lieb
Und denk an den Bengel,
der Dir das schrieb.

Mit Tagen nicht und nicht mit Stunden,
die Freude misst man mit Sekunden.

Wenn beim Tanz Wange an Wange,
dann hat Amore keine Bange.

Treue ist ein seltener Gast.
Halt ihn fest, wenn Du ihn hast.

Wir sitzen hier am runden Tisch
und saufen, bis er eckig ist.

Schönes Wetter, gutes Bier.
Oh wie langweilig ist es hier.
Ich wär' ja so gerne bei Dir.

Lebensweisheiten mit 15 Jahren

Wohnen ist eine Beschäftigung, die einen Menschen ausfüllen kann.

Ein wie seltsam Ding die Liebe ist, geht schon daraus hervor, dass sie zugleich blind und erfinderisch macht.

Tausend Beweise von Verstand können mich vollkommen kalt lassen. Ein Beweis der Güte aber bezwingt mich.

Jeder ist sein eigenes Schicksal und bereitet sich selbst seine Zukunft.

Wer sich bloss die Zeit vertreibt, vertreibt sich mit der Zeit auch noch einiges andere.

Die Liebe ist ein stürmisch' Handel, der immer mit einem Bankrott endet.

Mit Mühen und Beschwerden wird man allein fertig, aber die Freude muss man mit jemandem teilen.

Was ist eine Geliebte?
Eine Frau, bei der man alles vergisst, was man auswendig weiss, nämlich alle Fehler ihres Geschlechts.

Bei den meisten Kindern kann man sagen: gleich nach Ankunft verzogen.

Könnte man jedes Ding zweimal machen, so stünde es besser um alle Sachen.

Männer, die sich das Rauchen abgewöhnt haben, sind mir unheimlich. Vielleicht gewöhnen sie sich eines Tages auch die Liebe ab.

Die Trennung wirkt auf die Liebe wie der Wind auf die Flamme. Die Grosse entfacht er zur verzehrenden Glut, die Kleine erstickt er.

Es macht Liebenden nicht aus, durch Länder und Meere getrennt zu sein. Unerträglich ist für sie nur die Wand oder eine Zimmertür.

Die Liebe ist von allen Krankheiten noch die Gesündeste.

Es gibt ein Glück, das wir anfangs gar nicht beachten.
Man muss die Vergangenheit mit Ehrfurcht betrachten und die Gegenwart mit Misstrauen, wenn man für die Zukunft sorgen will.

Eine Frau, die nicht eifersüchtig ist, ist wie ein Ball, der nicht springt.

Die Eifersucht wird immer mit der Liebe geboren, aber sie stirbt nicht mit ihr.

Eifersucht ist Angst vor dem Vergleich.

Man ist nie eifersüchtiger, als wenn man in der Liebe anfängt zu erkalten. Man traut dem Geliebten nicht mehr, weil man dunkel fühlt, wie wenig einem selbst mehr zu trauen ist.

Man ist nie zu alt, um glücklich zu werden.

Was man nicht aufhalten kann, soll man laufenlassen.

Man nehme der Liebe die Eigenliebe – es bleibt wenig übrig.

Gedichte mit anfangs Zwanzig

Prolog: Meine Mutter hatte einen wunderbaren Garten mit vielen und unterschiedlichsten Blumen. Sie kannte sich mit der Blumenpracht sehr gut aus. Manchmal hielt sie bei einem Haus mit schönem Garten an und fragte gar bei den Leuten nach, ob sie eine Blume mit Wurzel haben könne, welche sie dann in ihren Garten setzte.

Kein Unkraut war auszumachen. So viel Liebe und Arbeit investierte sie in ihren Garten. Für Sie war ihr Garten sowohl Hobby wie Leidenschaft und gleichzeitig ein Rückzugsort, wo sie mit ihren Blumen sprechen konnte.

Wir Kinder mussten selten mithelfen. Denn mit dem Jäten oder Giessen nahmen wir es doch nicht so genau.

Meine Mutter zeigte uns immer wieder die schönen Blumen und nannte jedes Blümchen beim Namen.
Daraus ist das Gedicht entstanden.

S'Muetters Gärtli

Is s'Muetters Gärtli vorem Huus,
do blöit's johrii ond blöit's johruus.
Ne grüene Duume mues mer ha,
A ehre gschaffige Hand esch dä scho dra.

D'Krokussli chöme us der Aerde,
sie cha chum warte, bis sie gross ond
farbig wärde.
Ond det die schöni Anemone,
tuet sie mit mängem Blick belohne.

Zitterhärzli, Bibernelle,
hät scho mänge Bluemefrönd welle.
Alperose, Enziane,
das wär nes Wappe för of
d'Schwyzerfahne.

Rose, Tulpe, Frauefüessli,
jo, das get gar mängs schöns Schtrüssli.
Ond lueg det die Maieglöggli.
Esch das ned es härzigs Schtöckli.

Schilf ond Goggerblueme pflanze,
dass d'Fröschli chöi drom ome tanze.
Seerose ond Gotterebotzer derzue,
so Wasserpflanze löi ehre gar kei Rueh.

S'esch guet seis mängisch nor so Tröimli.
Sösch hätte mer no Bananeböimli.
Om ne so ne Garte chammer sie beniide,
deför hesch am Röggeweh scho vöu gha
zliide.

Ond esch emol e Blueme am chränkle,
so tuet es sie met Liebe tränke.
Met de Blueme rede, statt of d'Mönsche
hoffe,
denn die hei immer es Ohr offe.

August 1983

Prolog: Ich hatte das Glück mit meiner Grossmutter väterlicherseits ein sehr enges Verhältnis zu haben. Sie war eine so liebenswerte und gute Frau. Sie hatte jederzeit Verständnis für unsere Anliegen.

Leider konnte ich von meiner Grossmutter nicht Abschied nehmen, als Sie schon alt war und im Sterben lag, da ich in Asien eine mehrmonatige Reise machte. Ich erinnere mich aber an ihre letzten Worte beim „Ade-Sagen" vor der Reise:
„Jongi Lüt möi i d'Wäut usegoo. Mer darf si ned ufhalte."

S'Grosi

Ich könne öper, scho set chli,
mit ehm sei d'Johr vöu z'schnöu verbii.
Gar mängisch het äs mech do goumet,
ond öppe d'Hose omegsoumet.

Bim Chüechle het's eim s'Mäu
ufgschöchlet,
ond s'Gscher nohhär elei abtröchnet.
S'het öppe mou nes Guezli bronge,
Ond esch för eim so mängisch
gschpronge.

Vör do ond det ne Chöubibatz,
Do sei si cho die chline Schpatze.
Ond hei si brüelet, gha Verdross.
So het äs eim tröschtet im Schtöbli oss.
Gar vöu het's eim verzöut die Gschechte,
wo alti Lüüt gärn dröbert brechte.
Ond jungi Chnöpf wie mer sei gseh,
hei glost ond gseit, verzöu no meh.

Wemmer höt noh et so Sorge,
so fühlt mer sech bi ehm geborge.
So get äs eim no mängs guets Wort,
ond de Drock im Härze esch grad fort.

Ond jetzt esch äs so im dem Auter,
wo mer tuet Läbesröckbleck haute.
So esch 's doch schön, wenn mer cha
säge,
mer sei üs noch am Härze gläge.

Ich wett' es gäb no vöu so Mönsche,
wo eim of de Wäut nor s'beschte
wönsche.
Mim Grosi chan ich drom nor säge,
Dini Urgrosschend sete Dech erläbe.

Prolog: Natürlich hatte ich als Käserstochter Privilegien. Die Bauern lieferten in der Käserei «Grüenebode» die Milch ab und im «Krutzi» hatten wir eine Milchannahmestelle. Dort habe ich während der Krankheit meines Vaters für einige Monate am Morgen früh die Milch «angenommen». Ich erinnere mich heute noch an die schweren «Brenten», wenn es um's Leeren und Wägen der Milch ging. Auf alle Fälle hatte ich richtige Schwielen an den Händen.

Mein damaliger Freund war ein Bauernsohn. Vielleicht ist das Gedicht deshalb so von mir geschrieben worden.

De Buur

Die Buure sei scho starchi Manne
Si höi vöu ond schleipfe Tanne.
Am Morge früeh scho heist's go mäle,
i de Bränte darf kei Liter fäle.

Ond chont de öpper d'Möuch cho wäge,
Tuet är de Stallgang suuber fäge.
D'Chröpfe potze, d'Chüeschwänz strähle,
ond im Radio ne Ländler wähle.

Bi Nacht ond Näbu i Schtall äne loufe,
ond es schlises Chüechalb toufe.
Met Strou abriebe, d'Natur lo waute,
de Viebestand bliibt so guet erhalte.
De muesmer mäie, chreisle, schöchle,
die Sonne tuet s'Grad gleitig tröchne.
Jo, d'Höizerzyt bringt eim is schwetze,
grad de wenn's öppe wo cho bletze.

Ond ou gägem Herbscht zu muesmer
sprenge,
ond d'Frocht vom Fäld is Tern iebrenge.
D'Moschtfässer tuet mer jetzte völle,
ond got ou öppe mou go gölle.

Ond det zom Acher muesmer luege,
höt tuet mer nömm met Ochse pfluege.
D'Zyt esch vörbi wos no het gheisse,
Zom Buurehof do ghöre Geisse.

De Stall esch vou Vieh, vo vore bis hende,
ond luegt mär rächt, chammer ou ne
Muni fene.
De Hond, dä esch ne guete Wächter,
är luegt zom Buur, zom Vieh, zom
Pächter.

Zom Zwänzgischte

Jetzt besch kei Bueb me, jetzt besch Maa.
Met zwänzgi esch das guet z'verstah.

Jetzt darfsch go stemme ond go wähle,
ond muesch nömm am ne Fäschtli fähle.
Vo höt wäg darsch du karisiere,
oder wenn d'wotsch, ou politisiere.

Jetzt darfsch de Schatz i allne zeige,
muesch d'Ouge nömm zom Bode neige,
muesch nömme froge, nömme lose,
höt stosch Du halt i eigne Hose.

Zwänzg Johr send jetze halt verbii,
1.75 gross, esch nömme chlii.
Mer gseht's am Johrgang, es esch rechtig,
Du besch jetzt militärdienstpflechtig.

Met dem Alter het mer ned nor Pflechte,
wie d'Stüüre termingerächt zverrechte.
Mer het ou Rächt, das ghört zom Läbe,
drom darfsch du d'Meinig lut ond üdtlech
säge.

Set Dech mol öppis ofem Härze bloge,
tue ruhig mou ne Aeltere froge.
D'Erfahrig chammer halt ned eifach ha.
Die mues mer sammle, na dis na.

D'Lüüt

S'Get Lüt wo dänke,
ond Lüt wo ränke.
S'Get Lüt wo gloube,
ond Lüt wo fouge.
S'Get Lüt wo schempfe,
 ond d'Nase römpfe
Ond Lüt wo meine,
jä jo mer seine.

Ond d'Lüt wo chrampfe,
de ganz Tag stampfe,
ond die wo läse,
ond eim gärn fräse.
Jo ond die Arme,
sei no z'verbarme,
ond di ganz Riiche,
tuet mer omschliiche.

Die einte lache,
öber chlini sache.
Ond andri flueche,
töi zämerueche.
Oder di Fiine
met klarer Mine
Ond de die Schwache,
vlech ned ganz bache.

Jo ond die Aute,
die mosch lo waute.
Ond noch de Jonge,
do streckt mer Zonge.
Oeber die Chline,
do brengsch ne Fiine.
Ond vo de Grosse,
machsch Brotesauce.

Es get die Schüche,
ond die wo hüüchle
Es get die Rote,
met schlächte Note,
oder die Donkle,
wo d'Auge fonkle,
oder die Blaue,
wo scho langsam graue.

Mer hei die Gschiide,
wo nüt verliide,
mer hei die Chranke,
wo d'Stross ufwanke,
ond settig Gschrängti,
wenn ne Zyt nor längti,
oder die wo tampe,
ond eim is Züg ietrampe.

Es esch no aarig,
met dere Offebarig.
Denn bim schtodiere,
tuet mer diagnoschtiziere,
dass ich ond all,
of dem Aerdeball
setig Lüt dot imitiere
ond eim de saäuber mösti kritisiere.

Sprüche und Lebensweisheiten

Prolog: Ich habe ein altes Notizbuch gefunden. Darin sind viele Sprüche und Lebensweisheiten eingeklebt. Ich habe sie in meinen Jugendjahren gesammelt, weil sie mir imponiert haben.

Wer Gänse haut schlägt auch Enten

Ich kümmere mich lieber um meinen Charakter als um meinen Ruf. Denn mein Charakter ist das, was ich bin. Und mein Ruf ist das, was andere aus mir machen.

Stil, ist nicht das Ende des Besens.

Schokolade gibt's nur an Tagen, die mit g enden.

Das Leben ist eine Reise durch die Zeit.

Bevor ich mich jetzt aufrege, ist es mir lieber egal.

Hier kann wirklich jeder machen was ich will.

Liebes Geld – wir müssen reden!

Schatz, ich komm' später.
Hier ist ein Wettkampf, wer die beste Frau hat – und ich bin im Finale.
Bis später. I lieb' di.

Natürlich komme ich in die Hölle!
Aber dann mit VIP-Armband und all inclusive.

Schokolade löst keine Probleme!

Heute bin ich wohl mit dem falschen Wein aufgestanden.

Manchmal muss man sich auch selber
Konfetti ins Leben werfen.

Wer verschlafen aussieht,
muss nicht unbedingt ein Talent haben,
das in ihm schlummert.

Wissen hält nicht länger als Fisch.

Alles jammert weit und breit
über Frühjahrmüdigkeit.
Dabei wäre, statt zu schaffen,
wieder einmal auszuschlafen.

Mitleid bekommst Du umsonst.
Neid musst Du Dir zuerst erarbeiten.

Der Vorteil von Klugheit besteht darin,
dass man sich dumm stellen kann.
Das Gegenteil ist schon schwieriger.
Kurt Tucholsky

Die Vermögensverwaltung ist die
Diskrepanz zwischen Gier und Angst.

Die Kunst, langweilig zu sein, besteht
darin, alles zu sagen, was man weiss.

Winston Churchill (1874 – 1965)

„Remember, Ginger Rogers did everything
that Fred Astaire did, but she did it
backwards and in high heels."

Faith Whittlesey

Banking ist needed – banks are not.

„Hello, Sir, how goes it you?"
„Oh, thank you for the afterquestion!»
«Are you already long here?»
«No, first a pair days. I come not out
London.»
« Thunderweather, that overrushes me.
You see not so out.»
«That can yes beforecome. I come out
Bern.»
«Ach, Sie sind Schweizer ?»
«Ja, Sie auch? Das wundert mich aber.
Ihr Englisch ist so gut, dass ich es gar
nicht bemerkt hätte!»

Failure ist not an option.

Kleine Schritte sind besser wie keine
Schritte.
Willy Brandt

Der Stift ist eine kopflose Niete.

Wer die Leiter hoch will,
der muss zwangsläufig den Boden
verlassen.
Verständnis ist die
Vergangenheitsbewältigung des
Gewissens.

Die Welt lebt von Menschen, die mehr
tun als die Pflicht.

„Verkaufen ist die einzige Tätigkeit, die
Gewinn schafft. Alle übrigen Tätigkeiten
tragen lediglich zu den Kosten bei."
Zig Ziglar

Die besten Gelegenheiten ergeben sich,
wenn man die Grundregeln ändert.

Wer am Morgen zerknittert ist,
hat tagsüber Entfaltungsmöglichkeiten.

Die meisten Menschen bewegen sich auf
dem goldenen Mittelweg und fragen sich
dann, wieso dieser verstopft ist.

In jeder Veränderung liegt auch ein
Hauch von Unbegreiflichkeit.

Allah hat die Zeiterfunden,
doch von Eile hat er nichts gesagt.

Zum Erfolg gibt es keinen Lift,
man muss die Treppe nehmen.

Wer alleine arbeitet, addiert –
Wer zusammen arbeitet, multipliziert.

Langsam gearbeitet, schafft kunstvolle
Ware.

Chinesisches Sprichwort

Manche richten sich ihr Leben ein wie einen Parcours – alle paar Meter ein künstliches Hindernis.

Robert Lembke

Persönlichkeiten nicht Prinzipien bringen die Zeit in Bewegung.

Oscar Wilde

Lass Dir Zeit. Es eilig haben bedeutet, sein Talent zu zerstören. Will man die Sonne erreichen, reicht es nicht aus, impulsiv in die Höhe zu springen.

Peter Ustinov

Die Zeit ist zu kostbar, um sie mit den falschen Dingen zu verschwenden.

Heinz Rühmann

Es ist erstaunlich, wie voll der Tag sein kann, wenn man sich vor Zeitverschwendung hütet.

Katherine Mansfield

Wenn man viel hineinzustecken hat, so
hat der Tag hundert Taschen.

Friedrich Nietzsche

Gallensteine ins Rollen bringen und
Stolpersteine aus dem Weg räumen.

„Manche Politiker muss man behandeln
wie rohe Eier. Und wie behandelt man
rohe Eier? Man haut sie in die Pfanne."

Dieter Hallervorden

Die meisten Frauen, die auf den richtigen
Mann warten, amüsieren sich inzwischen
ganz gut mit dem falschen.

Norman Mailer

Frauen sind wie Uebersetzungen: die
Schönen sind nicht treu und die Treuen
sind nicht schön.

G.B. Shaw

Die zehn schönsten Jahre im Leben einer Frau sind die zwischen achtundzwanzig und dreissig.

Myrna Loy

Wo ich bin ist immer vorne, und wenn ich hinten bin, ist hinten vorne.

Vision ist die Kunst, unsichtbare Dinge zu sehen.

Jonathan Swift

Man sollte alles so einfach wie möglich sehen. Aber auch nicht einfacher.

Albert Einstein

Das Geheimnis des Glücks ist die Freiheit. Das Geheimnis der Freiheit aber ist der Mut.

Lernen erweitert die Perspektiven und vermehrt die Einsichten.

Um klar zu sehen, genügt oft ein Wechsel der Blickrichtung.

Antoine de Saint-Exupery

Im Leben geht es um Vitalität – nicht um Bequemlichkeit.

Diversifikation ist das Eingeständnis des Nichtwissens!

Durch den Stangenslalom ans Ziel kommen.

Den Ischias-Nerv hinten rechts treffen.

Einen partiellen Altsheimer-Schub erleben.

Eine interfamiliäre Asset-Allocation-Sitzung abhalten.

Es ist nicht genug zu wissen –
Man muss auch anwenden.
Es ist nicht genug zu wollen –
Man muss auch tun.

Von Goethe

„Ziele umsetzen setzt voraus, dass man sich die Frage stellt: Wovon reden wir eigentlich?"

Peter Weibel, PWC

Einen Ackergaul als Goldesel halten.

Faulheit ist die Angewohnheit
Sich auszuruhen, bevor man müde ist.
Wer mit den Hühnern schlafen gehen
will, muss sehen, wie er die Leiter
hochkommt.

Wegen einer Bauchlandung sind wir noch
nicht am Arsch.

Blaues Blut und rote Zahlen.
Erfolg haben ist Arbeit - ihn geniessen
können eine Kunst.

Der Wert der Wildnis steht umgekehrt
proportional zum Grad ihrer
Erschliessung.

Reinhold Messmer

Ich schliesse mich dem Niveau ihrer
Frage an und stelle das Pult tiefer.

Bundesrat Kurt Furgler

Ich hatte mal ein Muttermal.
Das hatte meine Mutter mal.

Wir werfen Sie nicht ins kalte Wasser –
Wir erwarten, dass Sie selber springen.
Du musst eine Leidenschaft haben. Alles
andere kommt von selbst.

Karajan

„Hab' niemals Angst, für dumm gehalten
zu werden. Ein intelligenter Mensch kann
sich das erlauben."
Wenn wir nicht wissen in welchen Hafen
wir segeln, ist kein Wind günstig genug.

Seneca

Wes Du denkst, strahlst Du aus,
was Du ausstrahlst, ziehst Du an.

Der kürzeste Weg zwischen zwei
Menschen ist ein Lächeln.

Wer das erste Knopfloch verfehlt, kommt
mit dem Zuknöpfen nicht zu Rande.

Goehte

Wenn die Purpurtrauben bluten,
sinkt der Denker hocherfreut.
Aus dem Reich des Absoluten,
an die Brust der Endlichkeit.

Auch die tragenden Säulen eines
Unternehmens müssen stets neu
hinterfragt werden, denn der Teufel liegt
oft nicht im Detail, sondern im
Selbstverständlichen.

Man kann sich der allgemeinen Richtung
nicht entziehen – aber man kann
herausragen.

Willst Du die Strasse vor Dir kennen.
Erkundige Dich bei denen, die sie bereist
haben.

Asiatische Weisheit

Die wirkungsvollste Energiequelle
unseres Lebens ist und bleibt die
menschliche Wärme.

Ernst Ferstl

Lieber ausgebildet weiterkommen –
Wie eingebildet stehen bleiben.

Gib immer Dein Bestes. Mehr kannst Du
nicht – weniger darfst Du nicht.

Eine vo de Schwyzer Banke
Leit für mi es Büechli a
Mit dr Ylag vom ne Franke
Dänkt me: dasch en arme Ma.

Jä halt, Dir tüet gly nümme grinse.
Denn i zäh Jahr han i drei
Und i hundert Jahr mit Zinseszinse
Han i plötzlech tusig Stei.

Lied von Jacob Stickelberger „Ei Franke"

Bei der Frage, was ein
Unternehmensberater eigentlich macht,
muss ich immer an jenen Mann denken,
der 49 Liebespositionen, aber kein
einziges Mädchen kennt.

Eberhard Scheffler

Die meisten Schatten im Leben führen
daher, dass wir uns selbst in der Sonne
stehen.

Wie die Welt von morgen aussehen wird,
hängt in grossem Masse von der Fantasie
jener ab, die gerade jetzt lesen lernen.

Lieber 80 % schnell – als 100 % langsam.
Es weht der Wind ein Blatt vom Baum.
Von vielen Blättern – eines.
Ein einziges Blatt, man merkt es kaum
denn eines ist ja keines.
Doch dieses eine Blatt
war Teil von meinem Leben.
Darum wird dies einzige Blatt allein
Uns immer wieder fehlen.

Es gibt keine perfekten Menschen,
nur perfekte Absichten.

Lieber in der Sonne possieren wie im
Trüben fischen.

Nieder mit den Alpen und freie Sicht
nach Feuerland.

Wenn Information nicht jemanden oder
eine Sache verändert, ist sie nicht Wissen
– sondern blosse Datenvermittlung.

Stephan Schmidheiny

Das Leben meistert man entweder
lächelnd oder überhaupt nicht.

Fernöstliche Weisheit

Lieber ein Tennisposter – wie den Penis
im Toaster.

Gedichte an meine Kinder

2013 Weihnachtsgedicht für meinen Sohn

Die Welt ist frei, der Weg ist offen.
So hat er seine Wahl getroffen,
am Wochenende Mal besoffen,
sonst fleissig und mit hoffen,
dass niemand sei betroffen,
wenn Schabernak und Uebermut
überloffen
und ebenso der Kopf.

Ein junger Mann mit bald 18 Jahren
vom Gemüte her schon recht erfahren.
Der Verstand sieht die Gefahren,
der Durst die vielen Klaren,
die Mädchen rufen ihn zum Paaren,
die Vernunft lässt ihn noch garen
und ebenso sein Herz.

Die Bildung geht, das Wissen bleibt,
ist ihm schon ziemlich einverleibt.
Der Marschbefehl ihn treibt
die Bürgerpflicht nun reibt
die Wahl des Studienplatzes bleibt
und ebenso der Verstand.

Die Möglichkeit nun selbst zu wählen,
die kann doch ganz schön quälen.
Sie kann zwar nicht die Aussicht
schmälen,
der Junge kann ja zählen
und ebenso das Auge.

Ich wünsch' Dir Glück in Deinem
Denken,
ich wünsch' Dir Glück in Deinem Tun.
Ich wünsch' Dir Freud in Deinem Lenken,
ich wünsch' Dir Freud in Deinem Ruh'n.

Ich wünsch' Dir Mut auch im
Entscheiden,
ich wünsch' Dir Mut grad im Vertrau'n.
Ich wünsch' Dir Ehrgeiz im Vermeiden,
ich wünsch' Dir Ehrgeiz hinzuschau'n.

Ich gönn' Dir Hoffnung im Verbessern,
ich gönn Dir Hoffnung selbst im Sein.
Ich gönn Dir Schaffenskraft im Aendern,
ich gönn Dir Schaffenskraft im allein.

Und wird Dein Weg mal ungewiss,
haben Sorgen ihn umhüllt.
Dann freu ich mich ihn mitzulaufen,
dass Licht ihn neu erhellt.

2013 Weihnachtsgedicht für meine Tochter

Mein liebes Kind
Die Zeit vergeht geschwind.
Schon bald sechzehn Jahre
und lange blonde Haare.
Erst warst Du noch klein
so lieb und nett und fein.

Bist Mama am Rockzipfel gehangen
hast Händchen gegeben und Küsschen
verteilt.
Dann bist Du ein bisschen weiter
gegangen,
hast auch die Küsschen weiter verteilt.

Das andere Herz Dir gefangen,
wo Dein Herz nun verweilt.
Es ist schön zu sehen
welch schöne, junge Frau aus Dir
geworden ist.

Mein Mutterherz mag flehen,
dass Du immer so bleibst wie Du bist.
Und Du wirst erkennen, dass Gehen
auch immer wieder zurückkommen ist.

Bleib Dir treu auf allen Wegen.
Bleib Dir lieb in jeder Zeit.

Bleibe froh, im nassen Regen,
Wassertropfen sind geweiht.
Hab von mir den Muttersegen.
ob im Hier oder im Weit.

Sei offen für das Neue,
denn im Neuen liegt auch Kraft.
Und dem Alten schenk die Treue,
weil es Gutes hat erbracht.

Wissbegier braucht keine Reue,
da Wissen ist bekanntlich Macht.

So weiss ich es von ganzem Herzen,
dass Du der Welt bist wohlgesinnt.
So wünsch ich Dir aus tiefer Seele,
ein guter Weg sei Dir bestimmt.
So schenk ich Dir von meinem Glauben
ein bisschen Kraft, dass es gelingt.

Mein Schatz
und wenn ich heute müsste
ein Kind in die Welt gebär'n.
Ich würd' es tun
wenn ich nur wüsste,
dass Du es wärst.

2022 Geburtstagsgedicht für meine Tochter

Mit 24 Jahren bist Du nun recht
erfahren.
1344 Wochen, hast Du schon in den
Knochen.

Deine Meinung zählt jetzt überall,
Zuhaus', bei Freunden, auf jeden Fall.
Und auch im Job hast du gesagt,
wirst Du um Rat und Tat gefragt.

Nur ab und zu Dein kleiner Hund,
treibt's manchmal etwas bunt.
Nicht, dass keine Erziehung in ihm
wohne,
ich glaube eher sind die Hormone.

Dein Freund der Fabio, dieser flotte
Mann
gibt Dir Liebe und Halt, wo er nur kann.
Und Du ihm auch, deshalb s'ist wahr,
seid Ihr ein wunderbares Paar.

Es ist so schön zu sehen,
wie die Kinder im Leben stehen.
Und auch bei Hudelwetter nicht
verzagen,
weil sie gute Kleider tragen.

Das Leben ist da zum Geniessen,
Das Leben ist da zum daran spriessen.
Das Leben ist da zum glücklich sein
der tiefere Sinn darin, der ist ganz fein.

So mögen Deine Wünsche sich erfüllen,
den Weg dazu wirst Du enthüllen.
Sei mutig, frech und steht's fidel,
hab' Glück und Freude in Herz und Seel'.

Du bist die allerbeste Tochter, die man
sich
nur wünschen kann.

2022 Geburtstagsgedicht für meinen Sohn

Hechte fangen ist nicht schwer
Hecht sein, dagegen sehr.

Das sagte einst bestimmt kein Fischer
das sagte so ein Augenwischer,
der um die holde Weiblichkeit zu
begatten
ihr fischig' Kompliment und Liebreiz tat
abstatten.

Kaum wahr waren die schönen Worte,
für Damen's Ohr edelster Sorte,
die dieser Casanova sprudelnd sprach
und sein Gewissen dabei ganz vergass.

Kaum hatte er sie dann gewonnen,
war alles wieder schnell zerronnen
der Hecht zur Biene sich mutierte
bereits die nächste Blume anvisierte.

Der echte Hecht bleibt standorttreu,
ist ganz bestimmt nicht wasserscheu.
Und kommt mal Brandung an die Düne
hält er die Stellung wie ein Hüne.

Ist clever und bleibt blitzgescheit
wenn man ihn lockt mit «fishing bait»
und wenn ertönt ein Wettergrollen
lässt er die grossen Augen rollen.

Rückenflosse hoch, heisst bin parat
Frau Hechtin s'ist ja noch nicht «spat»
Drum bitt' ich um Berichterstattung
bin jetzt bereit zu der Begattung.

Statt draussen wo es ist so tief.
Der Hecht nach seiner Hechtin rief.
Sie hörte Seufzer und Zurufer
«Am besten geht's im Mai am Ufer.»

Der Volksmund spricht vom tollen Hecht
Ich meinte schon, die Leute hab'n recht,
wenn ich so meinen Sohn anschau'
sag ich als Mutter ganz leis' «Wow».

Severin ist der Hecht, den ich als toll
empfind',
schon damals als ganz kleines Kind
hab ich gedacht das ist das Beste
was einem doch passieren möchte.

Einen so tollen Bub heranwachsen zu
sehen,
wie schnell nun doch die Jahr' vergehen
und plötzlich denkt man, s'ist schon
richtigrecht.
Ein gaaaanz, ganz toller Hecht.

Nun schau' ich Papa an und dieser lacht.
Das haben wir damals wirklich gut
gemacht.
Vor 26 Jahr' und 9 Monaten,
als wir die Kondome vergessen hatten.

Drum feiern wir heut' miteinander.
Wünschen Freude, Glück, Wohlergehen,
Petriheil und nur das Beste.

2023 Geburtstagsgedicht an meine Tochter

Wie schnell doch auch die Zeit vergeht
Dein Geburtstag wieder vor der Türe
steht.
Auch Du wirst älter jedes Jahr
und schöner noch dazu, s'ist wahr.

Bist jetzt schon 25 Lenze
kennst gut schon die Belastungsgrenze,
wirst kaum nervös, nur manchmal laut,
den Fabio es dann vom Sockel haut.

Wenn Dir etwas recht nahe geht,
dann wird das klangvoll ausgeredt.
Hast diese Stimme klar und ungefärbt
wohl von der Mutter so geerbt.

Bist eine selbstbewusste, junge Frau.
Das meint auch Dein «Wauwau».
Bist lieb und nett, zu allen gut,
trotz Deiner grossen Arbeitswut.

Hast aktuell grad viel zu tun.
Auch mit der Schulhund-Ausbildung.
S'ist nicht nur Jagen oder so,
stehst auch noch einer Klasse vor.

Die Kinder lieben Dich, Du seist die Beste
Begleitest sie auch in die Sechste.
Mit Hund gibt das den nötigen Schwung
Du brauchst das OK der Schulleitung.

So will ich's jetzt beim Namen nennen.
Sollten die da Dein Talent verkennen.
Für's Schulhund-JA. Wir drücken
Daumen.
sonst wären das dann schöne Pflaumen.

Es kommt schon so, wie's kommen muss.
Auch bei der Jagd kommst Du zum
Schuss.
Und bei der Arbeit wünsch' ich Dir,
dass Du da auch mitnimmst Dein
Hundetier.

Doch die tiergestützte Pädagogik,
das entbehrt jetzt aber jeder Logik,
förderi bim Chend de Stressabbau.
Ich säge: «Dänk bim Lehrer ou!» (SMILE)

Ech fend das jetzt jo ganz verreckt,
all die positive Lerneffekt,
vo somene Hond im Klassezemmer
Dä müest es Salär becho för immer.

De Lehrer het de nüt me ztue
De Hond sorgt met chnorre för Rueh.
Weder Uffälligi no Verhaltensgstörti,
S'get nor no Chend «Vom-Hond-betörti».
Doch di positivi Lernatmosphäre
mues seg z'Oberchöuch erst no bewähre.
Wenn's guet got, zahli de Kanton
de Waleah den e rächte Lohn.

So wünschen wir Dir nun am
Dichtungsende.
Das viele Tun und Machen neige sich zur
Wende.
Dass Du Zeit hast für Dich und Deine
Dinge
Und ab und zu das Klavier wieder klinge.

Sei wie Du bist und bleibe froh,
wie die Maus im Haferstroh.

Alles, alles Gute zu Deinem Geburtstag.

2023 Geburtstagsgedicht für meinen Sohn

Schon wieder nagt der Wurm der Zeit,
der Geburtstag ist drum nicht mehr weit.
Dann wird man sich erst recht bewusst,
dass Zeit so schnell vorüberhuscht.

Vor 27 Jahren, welch ein Wunder
ein Bub, so schön und ein Gesunder,
hat sich entwickelt, prächtig dann
und heute ist er ein stattlicher Mann.

Gerne denk' ich an die Zeit zurück
hast Dich an Mama's Rock gedrückt.
Und liessest Dich von ihr verschmusen
und drücken an ihren Busen.

Ich würde keine Sekunde studieren,
das heute nochmals auszuprobieren.
Man merkt als Mutter schon,
die Frau sich sucht der eigne Sohn.

So hält Dich jetzt in ihren Armen,
deine liebe Carmen.
Und schön hast Du in ihr gefunden,
was Euch zwei hält gebunden.

Doch zurück zum Wurm, dieser Gehilf'
fängt Fische im Flachwasserschilf.
Er fängt sie auch in dunkler Brühe,
wenn der Angler hat dort seine Mühe.

Manchmal ist es auch nicht blöder,
man setzt auf einen künstlich Köder.
Das Führen aber ist dann Kunst,
sonst ist der Fisch nicht in der Gunst.

Was es da nicht alles gibt,
und man im Fischerladen kriegt.
Mit Fachverstand Dir anzumuten
sind Wobler, Spinner, Angelruten.

Und kommt es, wie es wolle,
mit der amerikanischen Angelrolle.
S'ist nicht so leicht, wie erst gedacht,
Halb gewonnen ist halb gelacht.

Wer Fische fängt, der fängt sie draussen
Wie beim Fussball der «Linksaussen».
Wer drinnen bleibt, hat keinen Biss.
Schiesst weder Tor noch fängt er Fisch.

Es ist so schön, ich find' es top,
der Ausgleich zu Deinem Bürotschopp.
Arbeitest viel und manchmal lang',
drumm gönn' ich Dir den Fischefang.

Das Arbeiten im Marketingbereich,
ist wie fischen in einem Teich
Hauptsache es stimmt die Betriebsmoral,
dann fängst Du auch dort deinen Aal.

Zum Glücklichsein gehört Herz und
Verstand
Das hast Du beides in der Hand.
Sei glücklich! Kann man nicht befehlen,
man muss den Weg schon selber wählen.

Als Mutter aber wollt ich Dir noch sagen,
Ich helf' Dir immer mitzutragen
Sei's Freude oder halt auch Sorgen
Fühl' Dich bei Mama steht's geborgen.

Auch wenn aus Händchen wurde Hand,
halt ich sie gern, so wie oft früher.
Auch wenn aus Bub nun wurde Mann
bleibst du mein Kind, genau wie damals.

Doch heute mach ich eines anders,
das hät' ich früher nie getan.
Wird dein Freiheitsdrang so gross,
Lasse ich Deine Hand auch wieder los.

Alles, alles Gute zu Deinem Geburtstag

2023 an meinen Fast-Schwiegersohn

29 Johr froh und monter,
s'Läbe wird jetz nur no bonter.
S'Drü am Rögge röckt nöcher definitiv,
bim Tschutte heisst das «defensiv».

Fabio ond defensiv, das get en Lacher,
denn Du besch äbe scho en Macher.
Gesch volle Iisatz öberall
S'esch ned nor Rouch ond Schall.

S'Nommere 29 wie de Kai Havertz bim
Fuessball
Das esch de Fabio im «das Team» of jede
Fall
Det stellsch Du Temporäri ii, wie das nor
fliesst
Öpe e so wie de Kai Fussballtor schiesst.

Bim Job do hesch Du guet' Erfolg
Verstohsch haut das Handwärkervolk.
Bald Chef im «Team». Ich meint' emänd
Sösch gäb mer Der kei Assistänt.

Ond s'OG louft ned ohni Dech,
losch niemmer det' im Stech.
Di Grosse ned ond ned di Chliine,
genannt klein
Muesch jo ehre Obmann sein.

Uf de Baustell besch Du dä wo immer
schwetzt,
ond dä wot metem Vorschlaghammer
omefletzt.
Dä wo useruumt ond abbrecht, gwaltig,
för d'Nochbere e luutstarchi Onderhaltig.

Mer wönsche Der nor alles Gueti
Dass gsond ond glöcklech bliibsch ond
muetig.
Das Fröid im Läbe hesch ond alles glengt,
ond wenn's ned glengt, dass di wiiter
brengt.

2023 Gedicht an meine Tochter (Weihnachtskalender Türchen 24)

Im Leben ist's wie auf dem Seil.
Früh machst Du deine ersten Schritte.
Noch in Begleitung, ohne Eil
in Richtung Seilesmitte.

Schon gehst du tapfer, Schritt vor
Schritt,
auf diesem Draht spazieren,
ich geb' dir eine Stange mit
dich auszubalancieren.

Denn kommst du einmal in die Not,
und ich kann dich nicht stützen,
bringt diese dich zurück ins Lot:
Die Stange soll dich schützen.

Manchmal braucht es einen Sprung,
Um weiter vor zu gehen.
Nimm dazu nur genügend Schwung,
Bleib nicht aus Furcht dort stehen.

Soweit ich dich begleiten kann,
will ich dich stets gut fassen.
Doch einmal kommt die Zeit, und dann
wirst du mich wohl verlassen.

Das Leben ist ein Drahtseilakt.
Du schaffst das auch allein.
Und kommst du doch mal aus dem Takt,
Will ich Dein Netz wohl sein.

(Gedicht eines unbekannten Lehrers, angepasst von mir)

Prolog: Auch die Anverwandten werden älter. Gottseidank.

Aus Mäuschen wurde Maus

Schon früh, in Deinem Elternhaus,
nannte man Dich «liebe Maus».
Vor allem Trudy hat Dich so genannt,
so wurde Rita umbenannt.

Als Mädchen, warst Du sehr behütet,
als viertes Kind gut ausgebrütet.
Umsorgt von Schwestern und dem
Bruder,
das lief dann bald mal aus dem Ruder.

Früh übte sich, in jungen Jahren,
der Umgang mit den Raucherwaren.
Mit Claudia G. sich hat verbündet,
Nono's Stumpen angezündet.

Zug um Zug lässt sich so rauchen,
bis die Klosterfrau'n auftauchen.
Auf Stumpen hocken «längt grad noch»,
und s'Läderröckli hat ein Loch.

Ansonsten warst Du unauffällig,
plötzlich wurd' es dann einhellig.
Aus Mäuschen wurde eine Maus,
für die Kantilehrer wars ein Graus.

Lächeln konnte Mausi gut,
auslachen machte ihr noch Mut.
In dieser «Teenie-Phas'»
gab sie dann aber richtig Gas.

Nach Friboug man Dich verbanndte,
und bestimmt dort «souris» nannte.
Es waren streng die Klosterfrauen,
die mussten halt zum Rechten schauen.

Dann kam die Zeit der Handelsschule,
da warst Du nicht mehr «so ne Fuule».
Hast abgeschlossen mit Bravour,
und gleich ne Stelle bei «Manur».

Beschäftigt war dort auch die Erna.
«Met ehre hesches immer, guet gha».
In dieser Zeit gabs ein Stalker-Arschloch,
das Erna alle Pneu zerstoch.

Eines Tages «Oh herje».
Hesch dä höbschi Wälschi gseh.
Alle Weiber um ihn spinnen,
doch nur eine kann gewinnen.

Wie hast Du das nur angestellt,
dass Du die bist, die ihm gefällt.
Da war bestimmt das «Sainte Agnes de
Fribourg»
Das ihn überzeugt hat für «toujours».

Aus der Maus wird wieder Mäuschen,
ist ganz und gar nun aus dem Häuschen.
Wenn der Laurent ihr flaniert,
und wer weiss, was da noch all's passiert.

Das finden wir ja ganz apart
Wenn Romand sich mit Seetal paart.

Ihr habt Euch das Jawort gegeben
Es beginnt ein neues Leben.
Es kocht die Maus, der Bänz geniesst,
der Nachwuchs nun auch bald
entspriesst.

Ein toller Junge und ein süsses
Mädchen,
schon drehte sich das Hamsterrädchen.
Die Kinder immer gut umsorgt,
Maus hat die Löwin nun geborgt.

Auch der Bänz kommt nicht zu kurz,
Mausi geht nicht ein auf jeden Furz.
Hoffen wir s'ist kein Ersatz für's Ehebett
Deine 10 Jahre im HPZ.

Die Maus, die beisst in Hohenrain,
seit 30 Jahren schon am selben Bein.
Das von Laurent, ihrem Manne,
trägt Schaden, denk' ich, irgendwanne.

Drum beiss' ihn doch nicht immer dort,
sonst ist der Reiz dann öpe fort.
Beiss' ihn, den flotten Laurent Meier,
viel lieber mal in seine Eier.

Auf die Ernährung weiter achte,
welche Bauch und Falten flache,
jeder so «wie er ja will»,
einfach kein Gramm Fett zu viel.

Die Zeit vergeht und es macht «wow».
Die Maus wird auch schon langsam grau.
Doch bei gefärbten Haaren,
kann man das Alter nicht erahnen.

Von Mäuschen zur Maus bis 55ig,
gut gemacht, bis jetzt vernünftig.
Und doppelt wäre 110,
da würden wir uns wohl kaum seh'n.

Noch ein Ratschlag
Werde nie zur Ratte, rat' ich dir,
das würde Dir schaden, glaube mir.

Fazit
Eine graue Maus bist Du nicht,
eher eine Bunte würd' ich meinen.
Bist amüsant und stehst auf beiden
Beinen.

Gratulation
Herzliche Gratulation zu Deinem 55.
Geburtstag.

Jagdliche Gedichte

Prolog: Mein Vater war ein Jägersmann. Schon sein Vater/mein Grossvater war Jäger. Im Hinterland, im hintersten Revier des Napfgebietes konnte er das Weidwerk ausüben, wo Rehe und Gemsen heimisch sind. Steil ist das Gelände, schön die rauhe Natur und anstrengend ist die Jagd in dieser Tausend-Hügel- und Fluh-Landschaft. Urchig ist die Sprache der Hinterländer. Mein Vater durfte eine Gemse erlegen. Das ist für jedes Jägerherz ein spezielles Erlebnis. Anspruchsvoll ist das Ansprechen des richtigen Tieres. Das Erlegen muss in einem Gelände passieren, wo das Wildbret auch geborgen werden kann und nicht über die steile Felswand fällt. Mühsam und anstrengend kann das Jagen sein aber auch kraftvoll und herzerfüllend.

Erst dann ist der Jäger zufrieden.

Seit 30 Jahren jage ich im Jagdrevier, wo später mein Vaters auch bereits Pächter war, im schönen Suhrental.

Of de Pirsch

Ne Jäger chont dör d'Schtei of z'schliiche,
ond luegt wo sech di Gemsi ometriibe.
S'esch schtotzig, d'Flue chont emmer
nöcher,
ond ou de Bluetdrock stiegt jetzt höcher.

Sis Gwand es grüen, d'Böchs esch am
Rögge.
De Schoss esch drin, er chönt abdröcke.
So duusset är öber Stock ond Stei,
ned gseh, ned ghört, är esch elei.

Imene Gebösch in tuet är legge,
ond cha die ganz Flue überblecke.
Jetzt heist's luege, lose, müslistöu.
Velecht chont eis, velech seis vöu.

Ghörsch det de Schtei, dör's Gjät
abruusche,
das sei die Gämsi wo töi omehusche.
Gsesch det die Hörner ob dem Stecku.
Nei, sei ke Hörner es sei Krecku.

Jetzt ghört de Jägersma s'Härzchlopfe,
ond de Schweiss tuet vo de Sterne tropfe.
Sini Böchs nemmt är ganz fest i d'Hand.
Aer gschout di Gämsi i de Wand.

Dä Bock det, jo dä gross ond fescht,
dä esch för ihn de Allerbescht.
Jetzt no chli ue, ned z'töif of d'Hufe
Avisiere, ziele, döreschnuufe.

So stoht er rechtig, jetzt tuet's glenge,
bi dem Schoss gan er nömme sprenge.
Ne Knall, ne Chlapf, ghörsch s'Echo
halle,
ond det de Bock dör's Gröu abfalle.

Kei Gemsi meh, s'esch toterue,
so stiegt de Schötz zom Gemsbock ue.
De gröschti Chrampf esch s'abeträge,
er gloubt das Tier möig Tonne wäge.

Zo de Kamerade jetzt, das Tier wird zeigt,
dä Blattschoss hani richtig breicht.
Es Weidmannsheil of die Trophäe,
jetzt cha de Broch am Hüetli wäe.

Prolog: Meine Tochter hat die Jägerprüfung erfolgreich abgeschlossen. Wert hätte gedacht, dass die feingliedrige, hübsche, schlanke Mädchengestalt einmal das Handwerk ihrer Mutter ausüben würde? Das ist eine schöne Bestätigung, dass ich doch ganz vieles richtig gemacht habe.

Liebe Jungjägerin

Intensiv esch Zyt gseh för d'Jägerpröfig,
gloufe esches doch rächt söffig.
Hesch vöu dezue glehrt imene Johr,
drom besch Du jetzt de Blondschopfstar.

Vo Reh, Dachs, Marder oder Fuchs,
Gams, Steinwöud, Schwarzwöud ond de Luchs.
De Rothirsch könsch ond ali Vögu
Dezue no alli ehri «Trödu».
(Weidmannssprache Losung)

Weisch welli Hönd of d'Nochsuech nemmsch
Ond welle Jagdhond der öpis brengt.
Könsch Kopov, Bracke, Vorstehhond

Ond weisch no me vo chrank ond gsond.
Chasch höt e Flinte säuber führe,
muesch de Schrot am Wöud haut
nocherühre.
Bim Choguschuss de Röckschtoss schlot,
Blatt de Bock im Bascht of 100 Meter
stoht.

S'Bruchtom vo de Jagd chasch jetzte
pflege
Scho gli ou Wöud ond Fauna hege.
Im Jagdrock grüen am Boum zue stoh.
Ond abdröcke oder's denn halt loh.

Hesch vo dem Trubel Job mou gnueg
So esch de Jagd äbi di Rueh,
wo eim lot obenabefahre
ond det hasch s'Wesentleche weder
wahre.

Ich wönsch Der Fröid i de Natur
Ich wösch Der Glöck, äbe de puur.
Ich wösch der Aablick öberall
Ond Lideschaft of jede Fall.

Söllsch Weidmannsheil ha of de Pirsch
ond aaspräche Marder oder Hirsch.
Ond s'etsch de Haahne de mou dröcke,
so söll de Blattdschos äbe glöcke.

Doch dänk dra, mängisch glengt's ned so
Wie mer's im Chopf het, äbeso.
De hesch d'Waleah wo der höuft
nochesueche
Ond d'Muetter chasch ou dezue bueche.

S'wär schön chönte mer zäme s'Weidwärk
pflege
Ond zäme jage oder hege.

Es chräftigs Jägerlisgfell und Suchenheil
und immer mit frohem Hundegeläut

Eines Jägers schwerste Stund'

Eines Jägers schwerste Stund'
Kommt mit dem Tod von seinem Hund,
der treu ihm diente und begleitet
und ihn zu manchem Stück geleitet.

Den Herrn verfolgte er mit Blicken,
liess sich auf jede Fährte schicken,
scheute weder Schnee noch Regen,
war neben ihm auf allen Wegen.

Ob an der Leine, ob frei Fuss
Mit ihm zu jagen ein Genuss,
durch ihn gelangen an die Beute
ist des Jägers höchste Freude.

Dem Reh gefolgt auf roten Tupfen,
dem Schwarzwild an der Schwarte
zupfen,
an Rotwild jagen mit viel Fleiss,
der Bruch am Halsband war der Preis.

Nun ist der Platz im Haus verwaist,
kein Bellen mehr die Jagd verheisst.
Still geht der Jäger seinen Pfad
Nun ohne seinen Kamerad.

Er denkt zurück an frohes Jagen
Selbst jünger noch nach Jahr und Tagen,
mit jedem Hund, den er begräbt,
vergeht die Zeit, die er gelet.

Verfasser unbekannt

2018 DER FUCHS (Der Schuss ins Kraut)

Wenn man sich zur Rotfuchsjagd
mit Sauerkraut mit Speck im Magen
wagt,
muss im Wald mit Darmbeschwerden
und Drang zum Stuhl gerechnet werden.

So hatte einst Hans Jägersmann,
weil's kalt war, gleich drei Hosen an.

Da wurde ihm in der Bedrängnis
die letzte Hose zum Verhängnis,
weil er den Wettlauf mit der Zeit verlor:
Das Sauerkraut mit Speck kam ihm
zuvor!

„Die Jagd beginnt !", das Horn erscholl,
derweil ihm noch das Kraut entquoll
mit gewaltigem Getöse
in die Hose kleinster Größe.

So war es nicht mehr zu vermeiden,
sich gänzlich zu entkleiden.

Die Hose sich vom Leib zu reißen
und ins dichte Unterholz zu schmeißen.

Indes er noch am Beinkleid zerrte,
kam Meister Reinek', der das hörte,
hat sich vorm Jäger ganz versteckt,
er witterte das Kraut mit Speck.

Schmatzend wandte sich in Ruh'
Der Fuchs im Holz der Hose zu.

Der Jäger zog nun fieberhaft
die Hosen übern Stiefelschaft,
um die nackten Hinterbacken,
In grösster Eile einzupacken.

Kaum war alles straff gezogen,
kam, fidel ums Eck' gebogen,
zum ersten Fuchs, auch gleich der
zweite,
der das Kraut mit Speck roch, aus der
Weite.

Als beide Füchse sich verbissen
um die versaute Hose rissen,

beschloss der Jägersmann, das Schänden
seiner Hose zu beenden.

Also hat er kurz entschlossen
mit einem Schuss ins Kraut mit Speck
geschossen.

Und dieser eine Schuss aus seiner Büchse
traf die Hose und die Füchse
die nun – vom Projektil durchschlagen,
als „Fuchs auf Kraut mit Speck" im
Walde lagen.

Dem Fuchse nach dem Leben trachten
heißt, auf die Ernährung achten,
und bei der Jagd auf rote Füchse,
lockt sie Sauerkraut mit Speck vor Deine
Büchse.

Roland Moos (angepasst Daniela Ammeter Bucher)
(„aufgeschnappt" bei einem Schüsseltrieb in Franken mit
Norbert Neugirg)

E gföhrliche Jäger

I dem Wäldli ob der Halde
Heig e (schöne) Bock sech nedergleit.
Uese Ruedi esch nöm zhalte,
ond är het zom Schwoger gseit.

Gang tue det bi der Tanne bliibe,
ich will der ga das Böckli triibe.

Weidmannsheil, weidmannsheil,
söllsch viel Glöck ha da derbi.
Jodel

S'Ruedis Schwager tuet verschwinde.
Mues noch (gleitig) a nes Oertli ga.
Ond är stellt si Rocksack hende,
a nes stotzigs Börtli a.

De Ruedi tuet öpis Bruns erblecke,
Ond well dem Bock grad eine zwecke.

Weidmannsheil, weidmannsheil,
söllsch viel Glöck ha da derbi.
Jodel

Jo dä Rehblock flieht im Zickzack,
ä resch (äbe) gar ned troffe gseh.
Da derfür gseht Schwager's Rucksack,
wie nes (riese) grosses Lochsieb dri.

Ond mulsteitod tätisch Du do legge,
wennt hättisch gha de Sach am Rögge.

Weidmannsheil, weidmannsheil,
Hesch viel Glöck gha da derbi.
Jodel

Daniela Adelheid Ammeter Bucher ist 1962 in Luthern, im Luzerner Hinterland, geboren. Sie lebt mit ihrer Familie im Luzerner Seetal.

In ihren Jugendjahren bereiste Sie die Welt. Beruflich war sie in der Finanzwelt bei verschiedenen Bankinstituten und in unterschiedlichen Führungstätigkeiten engagiert und arbeitete aktiv in der Lokalpolitik mit.

Ihre Familie, ihre Freunde, ihre Schweizer Niederlaufhunde, die Natur, die Jagd und das Reisen sind wichtige Lebensinhalte. Durch ihre selbständige Tätigkeit erhält sie Flexibilität für Projekte, die wichtig geworden sind. Sie ist mit dem Motorrad, dem Auto, mit dem Segelboot, mit dem Kanu oder ganz einfach zu Fuss unterwegs. Ihre Schweizer Niederlaufhündin ist oft die treue Begleiterin. Berührende Erlebnisse und Lebensgeschichten motivieren sie zum Schreiben.

Mit ihren Berichten und Veröffentlichungen möchten sie anderen einen Einblick geben und Ansporn und Freude bereiten.

Erschienene Taschenbücher

Tausend Abschiede
– Eine Frau am Fusse des Napfes
Erschienen 2004, ISBN 3-8334-0796-4
Inhalt: Als ihre Mutter Agnes schwer krank wurde, hat sie sie begleitet. Im Abschied nehmen und im Sterben. Ihre Mutter wollte ein Buch schreiben. Sie hat es mit ihr und für sie geschrieben. «Tausend Abschiede» auf einer langen und doch viel zu kurzen Fahrt auf dem Strom des Lebens. Die Lebensgeschichte von Agnes Ammeter, die bis zum letzten Tag in die Ruder gegriffen hat und dem Leser mit vergnüglichen, besinnlichen und nachdenklich stimmenden Geschichten aus ihrem Leben, Mut macht...

Misstritte und Seitensprünge
– Die Schmeissfliege
Erschienen 2013, ISBN: 978-3-7322-3997-9
Inhalt: Dieses Buch ist anders als sie es erwarten. Es lebt von einer Prise Ironie und von vielen Doppeldeutigkeiten. Es ist eine Liebeserklärung an das Leben. Challiphoro, die Schmeissfliege begleitet die Wanderlustige bei der Querung durch die Schweiz...

Kanu Expedition Yukon
– 2022 Tagebuch einer Flussreise
Erschienen 2022, ISBN: 978-3-7568-1784-9
Inhalt: Wir sind 30 Tage mit dem Kanu unterwegs, 1200 Kilometer auf dem Eagle-, Bell-, Porcupine und Yukon-River zwischen Kanada und Alaska. Wir paddeln über dem nördlichen Polarkreis und überqueren den "arctic circle". Internet ist nicht verfügbar und für diese Zeit nehmen wir sämtliche Lebensmittel mit. Die gemachten Erlebnisse sind mit körperlicher Anstrengung verbunden. Die vielen Tierbeobachtungen geben Energie und Motivation während entbehrungsreicher und regengeladener Kanutage. Nach 10 Tagen sehen wir den ersten Menschen, nach 12 Tagen schaue ich das erste Mal in einen Spiegel.

Reisepartner gesucht

– Briefwechsel

Erschienen 2022, ISBN: 978-3-7568-3592-8

Inhalt: Reisepartner gesucht gibt den dreijährigen, digitalen Briefwechsel zweier Menschen wieder, die Reiseträume haben. Beide sind verheiratet, doch der Ehepartner ist nicht auf die Art reisen eingestellt und verfügt nicht über die zeitlichen Kapazitäten. Allein macht es definitiv keinen Spass. Gehen die beiden nun zusammen auf die Reise, die sie im Briefwechsel geplant haben?